幼稚園・保育園のクラス担任シリーズ ②

シチュエーション別 保護者対応 Q&A 50

グループこんぺいと 編著

黎明書房

はじめに

幼稚園・保育園の
クラス担任シリーズの第2弾
『シチュエーション別 保護者対応Ｑ＆Ａ50』
をお届けします。

　本書では、保護者との対応が問題となる、「保育参観」「懇談会」「家庭訪問」「保護者からの相談や質問」「保護者とのコミュニケーション」といった5つの場面をそれぞれの章に分け、事例をあげながら、どう対応したらよいか、実際に保育の現場で役立つよう具体的にアドバイスしました。

　本書を、保護者とのスムーズなコミュニケーションのために役立てていただければ幸いです。また、保育歴が浅い保育者には、本書から、保護者とのリラックスした関係を築く糸口を見いだしていただけることを願っています。

もくじ

はじめに・・・・・・・・・・・1

1章 保育参観・・・・・・・・・5
- Q1 保護者から信頼を得られるような保育参観とは？・・・6
- Q2 年度始めの保育参観。成功させるには？・・・8
- Q3 保護者がビデオ撮影やおしゃべりを始めたときは？・・・10
- Q4 保育参観中に子どもがふざけたときは？・・・12
- Q5 保育参観に兄弟を連れてきたときの対応は？・・・13
- Q6 保育参観中に保護者が子どもに手出しを始めたら？・・・14
- Q7 保育参観に来ない保護者への対策は？・・・16
- Q8 保護者参加型の保育参観の方法は？・・・18
- Q9 参加型の保育参観で保護者に何を伝えたらよいか？・・・20
- 資料① 0～1歳児の親子の簡単あそび・・・22

2章 懇談会・・・・・・・・・23
- Q10 年度始めのクラス懇談会の目的は？・・・24
- Q11 懇談会の事前準備は？・・・26
- Q12 懇談会の室内環境は？・・・28
- Q13 なごやかな雰囲気作りは？・・・29
- Q14 話し合いのときに気をつけたいことは？・・・30
- Q15 スムーズな進行のポイントは？・・・32
- Q16 スムーズに進行できるプログラムは？・・・34

- Q17 懇談会に気をつけたい身だしなみは？ ……… 36
- Q18 懇談会に参加しなかった保護者に出すおたよりは？ … 37
- 資料② クラス懇談会のお知らせ ……… 38

3章 家庭訪問 ……… 39

- Q19 家庭訪問の目的は？ ……… 40
- Q20 保護者は家庭訪問をどうとらえている？ ……… 41
- Q21 家庭訪問の事前の準備は？ ……… 42
- Q22 保護者との会話のコツは？ ……… 44
- Q23 訪問時のエチケットは？ ……… 46
- Q24 訪問後にやることは？ ……… 48
- Q25 困る質問にどう答える？ ……… 50
- 資料③ 家庭訪問チェックリスト ……… 52

4章 保護者からの相談や質問 ……… 53

保護者からのこんな質問…

- Q26 「したくが遅くてイライラ」 ……… 54
- Q27 「親から離れられずに毎朝大泣き」 ……… 55
- Q28 「どうして、あいさつができないの？」 ……… 56
- Q29 「自分の身のまわりの片づけができない」 ……… 57
- Q30 「小食や偏食で食べない」 ……… 58
- Q31 「食事に時間がかかる」 ……… 60
- Q32 「入園してから急に言葉遣いが悪くなった」 ……… 61

Q33 「手先が器用ではない」・・・・・・・・・・・・・・・・・62
Q34 「落ち着きがなく、何事にも集中しない」・・・・・64
Q35 「家では活発、外では言いたいことも言えない」・・65
Q36 「言葉の発達が遅れているのでは？」・・・・・・・66
Q37 「友だちが意地悪するから、あそびたくないと言う」・68
Q38 「乱暴な子に顔を傷つけられた！」・・・・・・・・70
Q39 「今日は、だれともあそばなかった」・・・・・・・72
Q40 「小学校で勉強についていけるか心配」・・・・・・74
資料④　個人面談成功のポイント・・・・・・・・・・・・・76

5章 保護者とのコミュニケーション・・・・・・・77

Q41 連絡帳でのコミュニケーションで、気をつけることは？・・78
Q42 夫婦不和の話を聞いたときの対応は？・・・・・・・80
Q43 要求が多い保護者の対応は？・・・・・・・・・・・81
Q44 新しく担任になったときは？・・・・・・・・・・・82
Q45 「手紙をもらってこない」という保護者からのクレームには？・・84
Q46 子どもが長期欠席の場合の対応は？・・・・・・・・85
Q47 保護者以外の方のお迎えには？・・・・・・・・・・86
Q48 保護者からの贈り物が届いたら？・・・・・・・・・87
Q49 プライベートなことを聞かれたら？・・・・・・・・88
Q50 子どもが原因の保護者どうしのトラブルには？・・90
資料⑤　いろんなタイプの保護者の思いと傾向は？・・・・92

1章

保育参観

　新学期が始まって1か月ほどしてから、保育参観を行う園が多いようです。園生活に少し慣れた子どもたちのようすを見ていただき、保護者の不安に応えよう、というのが目的です。保育歴が浅い保育者でも、保育参観を成功させることができます。ポイントを参考にしてください。

1 保育参観

Q1 保護者から信頼を得られるような保育参観とは？

毎回ドキドキして、あがってしまい、保護者に信頼してもらえるような保育参観ができたかどうかが心配です。この担任でよかったと思ってもらえるような参観にするには、どんなことに気をつけたらよいでしょうか。

「よく来てくださいました」という気持ちで保護者に声をかけよう

　参観の目的は、集団保育の中で子どもがどのように友だちとかかわり、自己発揮しているかを保護者に見てもらうことです。「いらしていただき、ありがとうございます」「おつかれさまです」とねぎらいながら、「子どもたちの、家とは違う顔を見てください」などと言葉をかけて保護者を迎えましょう。

　保育者が緊張していれば、子どもも緊張します。そうでなくても、お母さんによいところを見せたいと、意識する子もいます。緊張しないよう、参観は普段の保育の内容で、子どもも保育者も慣れていて、自然体でできる活動を選ぶとよいでしょう。

　あがってしまったり、失敗をしたと気がついたら、保護者に「すみません。今のは間違いです」などと、こちらから言葉にして、素直に伝えるとよいでしょう。技術は未熟でも、誠実で一生懸命な姿が好感を持たれます。

POINT

保護者へのあいさつは明るく
　参観や保護者会は、「保護者が時間を割いて来てくれている」ということを忘れないようにしましょう。「よく来てくださいました。ありがとうございます」という気持ちを持っていると、対応も自然に謙虚になります。

参観では全員の子どもにみんなの前で表現する機会を与えよう
　反応のよい子につい応答して、表現しない子への対応を忘れがちです。自己紹介をするとか、グループ別に何かをするとか、少しでも全員が表現できるようにします。

1 保育参観

Q2 年度始めの保育参観。成功させるには？

保護者も子どもたちも、保育者もまだ新しい環境に慣れない新学期。それぞれが緊張する中での参観です。参観を成功させるためのコツを教えてください。

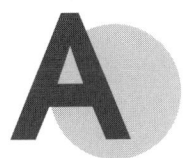

子どもだけでなく保護者も
リラックスして参加できる活動を

　自分の子どもが活動に参加できているか、そして保育者や友だちとどんなふうにかかわっているのかというのが、保護者の関心事です。この時期の参観は、集団を動かすことより、一人ひとりの心によりそった援助を大事にします。

0～2歳児
- みんなと一緒に食べたり、衣服の着脱を自分でしようとする姿など、子どもたちの自立と成長を見てもらう。
- 保育者があそびのリーダーになり、保護者も楽しめる親子あそびをする。

3～4歳児 新入園児
- 登園から身支度までの生活面と、あそびを見てもらう。
- 保護者がリラックスできる活動を中心にすると、子どもも安心して普段の姿が出せる。

4～5歳児 進級クラス
- 進級で、担任や友だち、保育室が変わるなど、環境が大きく変化して、緊張や不安を抱いている子どもや保護者がいるので、新しいクラスに溶け込めるような活動を用意する。
- 保護者に現在のクラスの様子を知らせ、見てもらいたいポイントを簡潔に伝える。
「子どもたちが協力している姿を見てください」「想像力を働かせて製作する姿を見てください」というように、活動にポイントをそえて具体的に伝えよう。
- 子どもの姿が理解しやすい製作活動や、クラスの親睦を深める親子ゲームなど親子で楽しめる活動内容がよい。

POINT

参観後に保護者をフォローして
　参観で保護者から離れられなかった子どもの保護者や、元気のなかった子の保護者には、帰り際に、普段のようすやこれから期待ができることなどを伝えるようにしましょう。そのようなフォローが保育者と保護者がコミュニケーションを深めるきっかけとなり、信頼関係につながっていきます。

1 保育参観

Q3 保護者がビデオ撮影やおしゃべりを始めたときは？

手紙で、「ビデオ撮影を希望される場合は、あらかじめ担任までお知らせください」と伝えてあるのにもかかわらず堂々とビデオ撮影を始めたり、保護者同士のおしゃべりが始まったりします。ベテランと違い、正面から言うのはためらいがあります。嫌な気分にさせずに伝えるにはどうしたらよいでしょうか。

 保育参観の前に確認をとろう

　成長の記録として撮っておきたい、祖父母にビデオを見せたいなど、今やビデオ撮影は欠かせないものになりました。しかし、「子どもたちの生の動きを、カメラを通してではなく保護者の目でしっかり見届けてほしい」ということ、「また、それを家庭の団欒の中で親子で話題にし、共有することが大切」だということなど、保育者側の気持ちも伝える必要があります。ビデオ撮影は一切禁止という園も少なくありません。

　ビデオ撮影に関する注意事項は、手紙で知らせてもなかなか守ってもらえないのが現状です。参観の前に、さりげなく確認しましょう。
- カメラを持って子どもに近づきすぎないこと。
- 撮影をしない保護者の邪魔にならないこと。
- 子どもに声をかけないこと。

　それでも守ってもらえないとき、保育を中断して注意をするわけにもいきませんので、次回の対策として、始まる前にベテランの主任や園長に話をしてもらうようにします。

　私語は、保護者たちの声が大きくなったところで、「お母さんたちにも聞いてみようか」と振ったり、おしゃべりに夢中になっている保護者の子どもの名前をあげて、「○○くん、発表してみようか」などと注目させたり、保護者の関心を保育に向けるようにしましょう。

POINT

保育参観の感想をかいてもらおう
　何かをしなければいけないという、適度な緊張感があると、私語も少なくなります。参観日に感想をかく用紙を、注意事項とともに配布し、参観の最後に回収するようにしましょう。(あらかじめ配布しておいても、当日再度配布し注意を喚起しよう)

一方的に見せるのではなく、保護者参加の形の参観を
　参観の真ん中や最後に、子どもたちといつもうたっている歌を、保護者がうたったり、簡単な親子ゲームをやって終わりにします。私語が増えてきたところで、「この後、こんなことをやります」と予告するのも、関心をこちらに向け、緊張させる方法です。

1 保育参観

Q4 保育参観中に子どもがふざけたときは？

いつもは落ち着いている子どもが、参観中に周りの子どもを巻き込んで、ふざけ出しました。何度か言葉をかけたのですが、全く言うことを聞きません。それを見て、その子どもの保護者がしかり始め、参観の雰囲気が悪くなってしまいました。

A 子どもの気持ちを受けとめながら言葉をかけよう

保護者が見ているという緊張感で、話ができない子どももいれば、逆に興奮して、ふざけてしまう子どももいます。そのような子どもたちは、感じやすい子なのだと、子どもの気持ちをわかってあげ、対応してください。

ふざけてしまった子には、「○○くん、大きな声を出したくなっちゃったの？ お母さんにかっこいい作品を見せようね」などと、気持ちを受け取りながら、今どうしたらよいか言葉をかけるようにします。また緊張している子どもには、近くに行き「先生がついているから安心だよ」と、気持ちを落ち着かせてあげるとよいでしょう。

そして、参観の後、ふざけてしかられたりした子どもの保護者には、「○○くん、今日は少し緊張したみたいです。いつもは、まじめに活動していますので心配なさらないでくださいね」とフォローしておきましょう。

 # 保育参観に兄弟を連れてきたときの対応は？

下の子を参観に連れてきて、その子が活動の中に入ってきても止めようとしない保護者がいます。保育してもらおうという気はないのでしょうが、ほかの子どもの気が散るし、注意もできず対応に困ってしまいました。

 ## 兄弟を拒否せずに、活動に参加させては

　まずは手紙で、「下のお子さんが騒いだり活発に動く場合は、活動中のお子さんに影響しますので、お部屋から少し出て気分転換をさせてください」という内容の手紙を配っておきます。参観中に下の子が泣いたり大騒ぎしたりするのを、保育者が注意するのは不可能ですが、保護者が困っているなら、「少しお外に出ると、気分転換になるかもしれませんよ」と声をかけてもよいでしょう。

　また、活発に動いて、園児のそばに来て一緒に楽しみたい子どももいます。そんなときは、無視するのではなく、むしろ楽しく参加させたほうが、保護者にも好感を持たれます。この先園児になってくれるお客様と思えばいいわけです。「お姉さんと一緒にやりたいのね」といすやお絵かきの材料を与えたりなどの配慮をするとよいでしょう。

1 保育参観

Q6 保育参観中に保護者が子どもに手出しを始めたら？

いつも手出しをする保護者も気になりますが、その上に、イライラして「もっとこうしなさいよ！」と怒ってしまう保護者もいます。そうなると子どもも意欲をなくし、楽しい雰囲気がなくなってしまいます。保護者にどう対応したらよいでしょうか。

手や口出しはやめていただく姿勢を崩さないことが大事

　参観の場は、子どもが友だちとどうかかわりながら自己発揮するのかを、保護者に客観的に見てもらうのが目的です。保護者が手や口出しをすると、その目的が果せなくなりますから、保育参観のポイントとともに、参観にあたって気をつけていただきたいことの1つとして「手や口出しは、ご遠慮ください」も加えておくことが必要です。

- 最初に、例えば手あそびのような保護者がリラックスできるプログラムを入れておきます。全員でやってみた後に、さりげなく「今日の参観の目的は〜です。手や口を出したくなってしまうこともあると思いますが、なんとか我慢していただいて、お子さん一人ひとりが自分でどのように自己発揮できるかを、よーく見てくださるようお願いします」と伝えましょう。
- 保護者が手や口を出したなら、その保護者の近くに行って、「お母さん、○○くんは、いつも1人でできていますから、○○くんのがんばる姿を見ていてくださいますか」と、さりげなく言ってみるとよいでしょう。
- 大勢の前で言ったり、保護者のプライドを傷つけないように気を配りながら対応をします。
- 年齢が3歳以下の場合は、子どもが保護者を求め、保育参観の目的が果たせなくなることがあります。保護者には別室で待ってもらい、子どもたちだけで活動を始めるようにし、子どもたちが集中してきたら、保護者にそっと入室してもらって、子どどもたちのようすを見るようにしてもよいでしょう。

POINT

0〜2歳児は参観が親子一緒の活動だったりするので、手や口を出さない約束をしっかりするという対策も考えよう。

① 保育参観

Q7 保育参観に来ない保護者への対策は？

うちの園は年6回ほど参観があるのですが、1度も来ない保護者がいて子どもがかわいそうです。強制したりしつこく知らせるのではなく、上手に保育参観に来てもらうようにするにはどうしたらよいでしょうか。また保護者が来ない子どもへの対応についても教えてください。

 ## 保護者の事情や性格を見極めて声をかけよう

　家庭によってさまざまな事情があり、難しい問題です。保育者は、不参加だからよくないという認識は持たないで、保護者の事情や気持ちを理解してください。だからといって、参観に参加しなくても仕方がないということではなく、集団の中で子どもの自己発揮を見てもらうことは、子どもの励みにもなります。不参加の保護者には毎回ていねいに参観のようすを知らせましょう。

　いつも不参加の保護者には、ときには事前に電話をしたり、お迎えのときに呼び止めるなどして、「○○くん、参観ではいつもさびしそうにしていますので、お母さんに来ていただけると、がんばる姿を見せてくれると思うのですが、いかがですか？」と無理強いせずに、さりげなく伝えてもよいのではないでしょうか。

　一度でも参加してくれたときには、すかさず、子どものよかったことと、自分もうれしいと喜びを伝えるとよいと思います。保護者の性格がルーズで参加しない場合は、「来ていただけると、お子さんがとってもがんばれます」ということを根気よく伝えることが効果的です。また事情があって来られない場合は、参観のようすを伝え、参加できない保護者の気持ちを汲むようにしたいですね。

　保護者が参加できない子どもへの対応は、「お母さんね、御用があって来られないみたいだけど、今日は先生が○○くんのこと、いっぱい見ているから、がんばってよね」などと声をかけましょう。保育中も気にかけて声をかけるようにしたいです。

POINT

参観に関心を向ける努力をしよう
　いつも来ない保護者には、いつもの保育のようすなど、何かと連絡をこまめにするようにして、コミュニケーションがとぎれないようにしましょう。

Q8 保護者参加型の保育参観の方法は？

保護者参加型の保育参観を計画していますが、事前にどんなところに気をつけ、どんな準備をしたらよいでしょうか。

事前準備をしっかりして、内容をおさえよう

保護者も子どもも楽しい参加型の参観は、「また来たい」「今度いつ？」と保護者や子どもに期待を持たせる意味でも、おすすめです。保育を見ることと参加型を組み合わせてプログラムを作るのもGOODです。参加型の参観は、親子でふれあいあそびを楽しみながら、親子のかかわりの大切さを知ってもらうことが目的です。

0～2歳児

- 1日の生活を保護者に一緒に体験していただきます。楽しくあそび、昼食を親子一緒に過ごすとよいでしょう。
- 個人差が大きい時期なので、一人ひとりの発達について、あらかじめお便りなどで知らせておこう。当日、子どものようすを見ながら話をすると、保護者がわが子の成長を実感できる。

3～5歳児

- 親子一緒の活動を楽しめるような、あそびの活動を中心にする。
- 雑然と過してしまうことのないように、時間を追った進行表をしっかり作ろう。心に余裕が生まれ、担任として落ち着いた態度で接することができる。
- ゲームを取り入れた場合、勝ち負けにこだわると、雰囲気が悪くなるので、楽しさを半減させないよう注意。敗者復活戦など、負けたチームも盛り上がる工夫をしたい。
- 製作を取り入れた場合は、大人の価値観で作品を見て口を出したり、子どもを責めたりすることがないように、あらかじめ保護者にお願いをしよう。

POINT

教材はたっぷり用意しておく

保護者が参加できなかったり、双生児や兄弟で違うクラスに在籍して参観の時間が重なるといった場合の対策を考えておきましょう。当日の教材や道具は、事前に使用してみて使えるかどうかを確認し、人数分より多めに用意。

1 保育参観

Q9 参加型の保育参観で保護者に何を伝えたらよいか？

参加型保育参観で、「こんなところを見てください」と、保護者に伝えるポイントを教えてください。

年齢ごとの成長の様子を見てもらうように伝えよう

参観の前に、保育者が一人ひとりの子どもの姿をきちんと把握しておくことはいうまでもありません。参観のポイントは手紙にかいて配布し、参観終了後に、さらに話をするとよいでしょう。

0〜1歳児
- はいはいや歩行はどのくらいできているか？
- 言葉の理解はどのくらいできているか？
  - 指さしから喃語への移行はどうか？　・ものと言葉を関連づけているか？
- 食事のようすはどうか？
  - 保護者に給食を試食してもらったり、食事の補助が必要な子には保護者に食べさせてもらったりしながら見てもらおう。
  - 離乳食から完全食へ移行しているか？
  - 子どもの口や舌の動きや、歯茎でかんでいるか？

2歳児
- 友だちとあそぶことを喜び、楽しんでいるか？
- 追いかけっこなど、体を動かすことを喜び、楽しんでいるか？
- はさみやのりを使ったり、絵をかいたり、製作などで、手指はどのくらい使えるか？
- だだをこねたり、友だちとケンカをしたときの、保育者の対応の仕方を見てほしい。

3歳児
- 手指がよく動き、集中して活動に取り組もうとしているか？
- 友だちと楽しくかかわっているか？
- 友だちや先生に、自分の欲求を言葉で伝えられるか？

4歳児
- 手指がよく動き、自分なりの工夫をして活動に取り組んでいるか？
- 人の話を聞く力はどうか？
- 苦手なことにも自分なりの考えを持って工夫しているか。
- 意欲を持たせる保育者の言葉がけや、対応の仕方を見てほしい。

5歳児
- 手指がよく動き、自分なりの工夫をして活動に取り組んでいるか？
- 友だちと意見を出し合って、あそびを進めているか。
- 友だちの気持ちになって励ましたり、友だちの喜びを自分の喜びとして、共感しているか。

資料 1

0〜1歳児の親子の簡単あそび

● 親子で散歩に出かけよう

　室内や園庭に斜面を設定し、親子で歩こう。園庭に盛り土をしたり、室内では大型積み木やマットを丸めたりして、斜面を作る。

● はいはいでお散歩

　ロープにすずらんテープをぶらさげたのれんを作り、保護者に持ってもらい、その下にマットを敷き、はいはいでくぐる。

● おんぶでストップ&ゴー

　保護者が子どもをおんぶして、音楽に合わせて動く。速く遅く、ストップ。跳んで跳んでストップ。ゾウさんになってノッシノッシ歩いてストップなど、変化をつけて動く。

● ママの足にのって歩こう

　子どもの足を保護者の足の甲に乗せて、ゆっくりゆっくり歩く。

2章

懇談会

　経験の浅い保育者にとって、保育を見られる保育参観も緊張しますが、顔をつき合わせて意見を聞いたり答えたりする懇談会の緊張感はより大きいものです。たとえ、技術は未熟でも、事前準備をしっかりし、自分らしく誠実に対応ができれば好感を持ってもらえます。アドバイスを参考に、懇談会を成功させてください。

 年度始めの クラス懇談会の 目的は？

2 懇談会

理解はしているのですが、新年度の懇談会は、かなり負担で、プレッシャーがかかります。まだしっかりと、子どもの姿もつかみされていないのです。懇談会の目的から、しっかり頭に入れたいと思います。

保護者の不安解消とコミュニケーション

　はじめての懇談会は4〜5月に開かれることが多く、若い保育者にとってはたいへんなプレッシャーです。しかし、この時期にきちんと子どもの姿を把握することは非常に重要ですし、懇談会は保育者自身が育つ機会でもあります。

● **保護者の不安な気持ちを解消**
　入園から1か月ぐらい経つと、緊張が少しほどけ、子ども同士のトラブルが発生したり登園を渋る子が出てくるなど、いろいろな問題が浮上してきます。それは新入園児も進級児も同様です。保護者からの不安材料が出てくるこの時期に、「ご安心ください。こんなふうに元気に活動していますよ」と、今の活動の様子やこれからの展望など、楽しい園生活のようすを保護者に伝えましょう。

● **保護者とのコミュニケーション**
　一人ひとり子どものようすを、担任と保護者で伝え合いながら互いの人柄にふれ、コミュニケーションをはかります。相手を知ってこそ協力してもらえることも多いので、今後の保育をスムーズにするためにも、コミュニケーションを大切にしましょう。

● **幼児の姿を理解してもらう**
　保護者には、それぞれの年齢のその時期の姿を知り、子どもを理解してもらいます。今の時期の状況や子どもの気持ちを、具体的な例をあげて伝えられると、保護者が子どもを理解しやすくなります。

PLUS ONE

懇談会は自分を保護者に知ってもらうよいチャンス
　はじめての懇談会での保護者の関心の1つは、担任の人柄です。義務的な報告だけで終わるような懇談会にしないためにも、保育者は今どのような気持ちなのか、保育者の「心」を保護者によく伝えることが大切です。例えば、
- こんな子どもたちに育てたい、こんな保育をしたい、こんなクラスにしたい、という保育観を、心を込めて語る。
- 子ども同士のちょっとした出来事などの事例を出して、自分がどのように対応し、どう感じたかを伝える。
- 楽器の演奏や朗読、手品など何でもOK。自分が得意とするものを、保護者にアピールする。

Q11 懇談会の事前準備は？

2 懇談会

懇談会で「保護者から苦情を言われたらどうしよう」などとビクビクしています。不安解消には、事前準備が肝心と先輩からアドバイスをもらいました。具体的に教えてください。

事前準備の材料は毎日の記録

　何より保護者が知りたいことは、わが子の姿です。保護者に具体的に話をするためにも、子どもたちの記録を日ごろからつけておくことが大切です。できるだけマメに、具体的なエピソードや気がついたことを保育記録にかいておくようにしましょう。その日にあったことはその日に記録するようにしましょう。

- **保育記録をもとに個人情報をかき出してみよう**
「こんなに熱心にうちの子を見てくれている」と保護者が感心するのは、保育者のきめ細かな観察。一人ひとりの、よいところや生き生きとした姿、心温まるエピソードをかき出してみましょう。
- **どのような順序で何を話すのか、全体の流れをかいてみよう**
連絡事項も含め、話すための原稿を作っておくと、緊張したときにもスムーズに進行できます。「生活」「あそび」「友だちとの関係」「活動への取り組み」など、項目を立ててかいてみます。
- **マイナス面はプラス思考で伝えよう**
ケンカ、登園を嫌がる、保護者から離れないなど、個人のマイナス面は、プラス思考で話をすること。「成長過程にある姿だからこその現れです。これから変わっていくのが楽しみです。どうか長い目で見守ってください」と伝えましょう。
- **懇談会のお知らせを作成（P.38参照）**
お知らせに、「活動」「活動のポイント」「懇談会のテーマ」などを項目別にかきます。保育者の考えがしっかりまとめられた魅力的な内容は、保護者を参加したい気持ちにさせる、という効果があります。
- **事前にアンケートをとろう**
保護者の今の関心事、悩みなどについてアンケートをとり、集計した結果を保護者に知らせておくと、話し合いのテーマの参考資料にもなります。アンケートは連絡帳を使って集めてもよいでしょう。

POINT
エピソードはすぐにメモすること
　保育中のエピソードは、すぐに忘れます。ポケットに付箋を用意し、何か感じたら素早くかき、保育者の机やピアノに貼るようにするとよいです。

Q12 懇談会の室内環境は？

懇談会に備えて、保育室をいつもよりていねいに掃除をするようにしています。ほかにどのような環境作りをしておく必要がありますか？

A 過度な飾り立ては不要

　この日だけ特別に美しくしても、そのうちわかってしまいます。絵本やオモチャを整理し、最近の子どもたちの絵や製作物を飾り、いつもの自然な保育室でOKです。

- 作品や製作物には、コメントカードに作った過程の様子をかいて添えよう。
- 壁面装飾は、保育者が美しく作ったものより、子どもたちが作ったもので飾るほうが、生き生きとした様子が伝わってくる。
- 机に立てたり胸に付けたりする、保護者の名札を用意。
- ロッカーの中やピアノの上のほこりを払い、本棚の整理、手洗い場の掃除、机やいすの落書きの削除など、いつもよりていねいに掃除をしよう。
- 重要な書類は目に触れないように片づけておくこと。
- 机やいすは、保護者全員の顔が見えるように円形にセッティング。人数が多いときは、いくつかのグループに分けても。
- 最後に再度保育室をチェックしよう。

 なごやかな
雰囲気作りは？

自分自身が緊張しているせいか、保護者のほうもなかなか打ち解けず、なごやかな雰囲気作りが難しいです。

 歌や手あそびをしてリラックスしよう

「これを言わなくては」「聞かなくては」と肩に力を入れて参加する保護者もいます。保護者が来たら、保育者は忙しく動き回らずに、ゆったりと明るく、心に余裕を持って迎えることが大切。それには早めの事前準備がポイントです。

- ブロックや積み木、絵本など、普段のオモチャを少し出して、保護者が見たりさわったりできるようにすると緊張感がほぐれる。
- 懇談会のテーブルに草花を飾ろう。園庭で摘んだ花、散歩で見つけた草花でOK。小さなガラスビンに飾るだけで心がなごむ。
- 全員が集まるまで、やさしい音楽を流しておくのもいい。
- お茶のサービスをするとくつろげる。
- 懇談会の前に、「昔を思い出して、楽しくやってみてください」と言って、手あそびや言葉あそび、伝承あそびなど、童心にかえってあそんでもらおう。全体が笑いに包まれ、雰囲気が柔らかくなる。

Q14 話し合いのときに気をつけたいことは？

2 懇談会

この受け答えは厳禁とか、受け答えの常識的なことってあるのでしょうか。気心が知れている保護者とは親しく話せますが、新入児の保護者とうまく会話ができるか心配です。

受け答えは ていねいな話し方で

　保護者に来てよかったと感じてもらうには、保育者がよい聞き手になることです。ただし考えを述べるときは、しっかりと自分の考えを話す、このメリハリが大事です。また、ある程度質問の予想をたて、先輩に答え方をレクチャーしてもらうと自分の安心材料になります。

● **保護者の関心事をテーマにする**
　アンケートなどで保護者が関心のあることをリサーチして、テーマを選びます。テーマを選んだら、自分なりの考えを整理してかいておきましょう。

● **わからないことは後日答える**
　自分では判断できない園への要望などは、「園長と相談してお返事します」と、後日答えるようにします。「～じゃあないですか？」「えーっ、わかりません」など、あいまいな受け答えは厳禁。保護者が不安になります。

● **ていねいな言葉づかいで答えよう**
　友だちと会話するような話し方や「うんうん」というあいづちはいけません。相手の目を見て「はい。そうですね」ときれいな言葉で会話をしましょう。

● **個人名を出さない**
　子どものエピソードを話すときは、子どもが特定される話し方はしないこと。

● **特定の保護者ばかりと親しく話さない**
　多くの保護者の目があることを常に頭に入れておきましょう。

● **伝えるべきことは、ていねいに、はっきりと伝える**
　個人的な話はプラス思考で話すようにしますが、例えば、片づけができない、言葉づかいが乱暴など、クラスの全体的なことで家庭でも協力してほしい点は、ていねいに、はっきり伝えるようにしましょう。

PLUS ONE

懇談会の出席率をよくするには？
　日程を決めてお知らせを配布した後、保護者と会う機会があればそのとき、一人ひとりに、口頭で「ご出席くださいね」「○時から始まりますので、遅れないようにお願いします」と声をかけ、関心を向けていきます。毎回同じような内容でなく、必ず目新しい話や企画を取り入れ、「ためになった」「楽しかった」と保護者が感じ、「また行きたい」と思える内容にすると、次の会の出席率UPへつながっていきます。

Q15 スムーズな進行のポイントは？

2 懇談会

シーンと雰囲気がしらけたり、逆におしゃべりな保護者に場を仕切られたりしたときに、どう対応したらよいかわかりません。スムーズな進行のコツを教えてください。

A 懇談会の進行を区切って、時間配分しておこう

　時間通りに進行させる役割は担任にあります。決められた時間内にできるだけ多くの保護者に話をしてもらいたいわけですから、「1人5分ぐらいでお話をしてください」というようにあらかじめ時間を予告しておくのも方法です。

● **テーマと時間配分を頭に入れて進行しよう**
　話の方向性が違ってきたり、時間がオーバーしたときは、話を元に戻したり、時間を調整しましょう。

● **盛り上がらないときは経験豊かな保護者に助けを**
　兄弟で園に通ってきている保護者をたよりにしましょう。「お兄ちゃんのときは、どうでしたか？」と上に子どもがいる保護者に話を振って、経験を話してもらいましょう。それをきっかけに、ほかの保護者にも「○○さん、どうですか？」と聞いていきます。

● **特定の保護者の独壇場になったときは**
　長い話の中で何を言いたいのかをキャッチし、適当なところで「もっとお話を聞いていたいのですが、ほかの方のお話も伺いたいので」と話を切り替えます。しかし、不安なことへはきちんと答えないと、同じことの繰り返しになりがちです。

● **批判が強い保護者には**
　保育者や園に対して批判的な保護者には、感情的にならず、誠実に対応することが大事。途中で意見を述べたりすると、火に油状態になるので、まずは聞くことに徹します。その後、わかる範囲内で一生懸命に話すこと。時間オーバーのときは、終了後、ゆっくり話を聞きましょう。

PLUS ONE

子育ての悩みが話題になったら？
　保育者に子育て経験がなくても、子どもの仕事のプロですから、自分の保育観を自信を持って伝えましょう。また、子育ての悩みは、保護者同士で意見を出し合うことが解決の糸口につながることがあります。「○さんはトイレットトレーニングをこんな方法で成功させたそうです」「△さんは、どうですか？」などと、保育者は保護者同士の橋渡しをするとよいでしょう。

Q16 スムーズに進行できるプログラムは？

2 懇談会

始まりから終わりまでをシュミレーションしたいと思いますので、プログラムの流れを追いながら、おさえなければいけないポイントを教えてください。

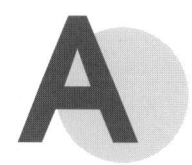

A 楽しいことを先に、注意事項は最後に予定しよう

　楽しい話、安心できる話をはじめに予定しておきます。困ったことや注意事項は一番最後にもっていきます。また司会・進行役を、役員をしている保護者やベテランの保護者にお願いすると、保護者からの話を中心に懇談会が進められるのでGOODです。

[プログラム例]
① 保育者の自己紹介
② 歌や手あそびでリラックス
③ 保育者からの話
　● 園の方針を確認し、それを自分の言葉にして保護者に伝えられるようにしておく。
　● 子どものようすを楽しく具体的に伝える。今読んでいる絵本を紹介したり、子どもたちの好きな手あそびを実演してみせると、保護者の興味をグッとひきつける。
④ 可能ならば、ビデオやデジカメ、スライドで、子どもたちの生活やあそびの様子を見てもらおう。その後、意見や感想、家庭での様子を保護者に尋ねてみる。
⑤ 保護者の自己紹介
　● 地域別にグループ分けをすると、会話が弾み、交流が深まり、保護者同士の友だちができやすい。
　● 持ち時間を決めて、紹介してもらう内容を限定する（例、子どもの名前・住所・わが子について一言。子どもの長所、自己ＰＲや近況報告など）。
⑥ 話し合い
⑦ 保育者の終わりのあいさつ

PLUS ONE

小さな子ども連れに配慮を

　小さい弟や妹がたくさんいるクラスの懇談会は、子どもの声が大きくて話ができないことがあるので、あそびコーナーを設定しておくとよいでしょう。小さなゴザやカーペットを敷いたり、いすを輪のように並べて置き、コーナーを作ります。その中にブロックや絵本を置いて、あそんでもらえるようにします。小さい子の数が少ないときは、保護者の近くにいすとオモチャを置いて、あそべるようにします。

Q17 懇談会に気をつけたい身だしなみは？

うちの園にはユニホームがありません。何を着てよいのか、いつも迷ってしまいます。またお化粧はちゃんとしたほうがよいのでしょうか？　保護者からどのように見られているかが心配です。

A 清潔感のある明るい服装で、髪はすっきりまとめて

　保育参観や懇談会などに来るとき、保護者の方々は、少しおしゃれをしてみえるようですから、保育者のほうもそれに応えるように、少しおしゃれをしてはいかがですか。かといって派手な服装をするのではなく、清潔感のあるシンプルで明るい服装にしましょう。エプロンをつけているなら、清潔で明るい色のエプロンに替えるぐらいの心配りがあってもよいでしょう。

　トレーナーやＧパン姿でなく、少しあらたまった服装でもよい気がしますが、事前に保育者同士で打ち合わせておくとよいでしょう。

　髪の毛は、保育者の表情がわかるように、すっきりまとめましょう。

　化粧は、過度なメイクは避けて、口紅をつけ、薄くファンデーションをぬり、身だしなみ程度にメイクをしたほうが好感を持たれます。アクセサリーやマニキュアは、園の方針もあるので、先輩に相談しましょう。

Q18 懇談会に参加しなかった保護者に出すおたよりは?

次からの出席率を高める意味でも、参加しなかった保護者におたよりを出したいと思います。どのようにかけばよいでしょうか。

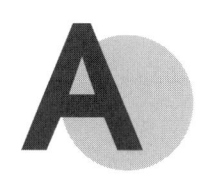

A 懇談会の雰囲気が伝わるようにかこう

　参加できなかった保護者に出すおたよりは、次回の懇談会に参加するきっかけにもなります。懇談会に興味を持ってもらうために、その場の雰囲気や話し合いを具体的にかき、その結果、得られた情報などを知らせます。

> 第2回ウサギ組　懇談会の報告
> 今回は「絵本に親しもう」というテーマでお母さまたちと楽しく盛り上がりました！
> 高野さん「うちの子は絵本を全然見ないんです」
> 石井さん「うちもテレビばかりで、絵本をパラパラとめくるぐらい…」
> 軽部さん「先生、どうしたら絵本好きな子になりますか？」
> 担任「そうですね。あ、高木さんのお宅は、絵本大好き一家なんですよね？」
> 高木さん「子どもたちの大好きな絵本は…」
> 　　　　　　　　：

　という感じで、懇談会の会話をそのままかくと、ついおもしろくて読んでしまします。
　アンケート結果、保護者の悩みに対応するQ&Aなどもかいてみてはどうでしょう。

資料 ②

平成　年　月　日

クラス懇談会のお知らせ

　　　　　　　　　　　　　　　園　　　　　　組

担任

園生活に少しずつ慣れてきたお子さんたちの様子や、これからの園生活についてお話し、あわせて保護者の方々の相互交流を深めていただくために、クラス懇談会を行います。
ぜひ、ご出席ください。

★ 日時
★ 場所
★ 内容
　　1.この時期の子どもの姿
　　2.これからの園生活について
　　3.要望があったテーマでの話し合い

------------------------ きりとりせん ------------------------

懇談会で話したいテーマについて、（　　　）の中にお書きください。
- 食事について（　　　　　　　　　　　　　　　）
- 生活習慣（　　　　　　　　　　　　　　　　　）
- あそび（　　　　　　　　　　　　　　　　　　）
- 友だち関係（　　　　　　　　　　　　　　　　）
- そのほか（　　　　　　　　　　　　　　　　　）

3章

家庭訪問

　新学期がひと段落した5月ごろ、家庭訪問をする幼稚園が多いようです。短期間に数多くの家庭を訪問するのは保育者には労力を要することであり、保護者にとっても、保育者によい印象を与えたいという思いから、少なからず犠牲を払うことになります。働く保護者が多くなっている現状をふまえると、家庭訪問が本当に必要なのかは課題ですが、アドバイスを参考に、収穫のある家庭訪問をしたいものです。

Q19 家庭訪問の目的は？

はじめての家庭訪問です。家庭訪問をするメリットすらわかりません。どんな目的で行けばよいのですか。

A あまり気負わずに保護者と仲よくなるつもりで

短時間なので、気負って訪問すると、かえってコミュニケーションがうまくいかないことがあります。まずは、気軽に、子どもがどんな環境で生活しているのかを見る、という軽い感覚で、訪問しましょう。

● **家での子どものようすを知る**
自分の家なので、保護者も子どももリラックスしています。親子の会話や、あそんでいるようす、おやつを食べているようすなどから、普段の子どもの姿を知ることができます。

● **保護者と子どもと仲よくなる**
子どもにとって「うちに先生が来てくれた」というだけで喜びは大きいものです。「おうちにネコがいたけど、名前なんていうの？」などと、訪問の後の、子どもとのコミュニケーションのきっかけにもなります。

● **環境を知る**
どんな所で育っているのか、地域や家庭の雰囲気を知ることができます。注意したいのは、「すごく乱雑な部屋だったから、あの子も片づけられないのは当然」などと、決めつけて子どもを見ないことです。

Q20 保護者は家庭訪問をどうとらえている？

きれいに掃除をして保育者を待つ、という保護者が多いようですが、家庭訪問に対する保護者の気持ちを知りたいと思います。

A 園でのわが子の様子を知りたいと思っている

「保育者によい印象を持ってほしい」と、家をきれいにして迎えるのは当然ですね。1対1で話しやすいので、子どものことの悩みや心配、聞いておきたいことなど、この機会にいろいろと具体的な話をしたいと思うようです。そのため「時間が足りない」と多くの保護者が感じるようです。あらかじめ時間を伝え、聞きたいことを整理しておいてもらい、質問には手短に答え、もっと話がしたい保護者には「園で気軽にお声をかけてください」と言って、別な機会にゆっくり話を聞けるようにするとよいでしょう。

Q21 家庭訪問の事前の準備は？

あれもこれもと、頭の中で考えていると、緊張してきます。しっかり事前準備をして、余裕を持って訪問したいと思います。

3 家庭訪問

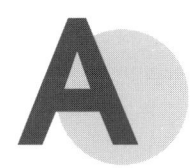

A 訪問をスムーズにする しっかりとした準備を

- **スケジュール表の作成**
  - 訪問時間は1軒、約15〜20分とし、移動時間を考慮して、時間にゆとりを持てるように計画する。1日にたくさんの訪問計画を入れないこと。
  - 家庭訪問のお知らせを発行し、訪問期間中、都合の悪い日を担任まで連絡してもらう。
  - 家庭の希望する日時を考慮して、クラスのスケジュール表を作成し、個々の子どもの連絡帳にはさむなどして、家庭に連絡をする。
  - 訪問経路を入念にチェックしておくと、限られた期間や時間の中で、効率よく訪問できる。

- **子どもの姿と家庭環境を把握する**
  - 事前に保育日誌、個人記録などに目を通す。あそびのようすや、友だちや保育者との関わり方など、保護者が園での子どもの姿をイメージできるように、具体的なことをピックアップしておく。
  - 個人調査表などに目を通し、成育歴、家族構成、住居形態などを確認しておく。

- **保護者に聞いておきたいことをかき出す**
  アトピーや風邪をひきやすいなどの健康面、起床・就寝時間や食事の仕方などの生活習慣、緊急時の連絡先など、調査表の記入もれがないか確認しておく。

PLUS ONE

あらかじめ保護者をリサーチしよう

「どうですか？」などと漠然とした聞き方ではなく、担任に聞きたいこと、心配なことなど、あらかじめ一人ひとりの保護者をリサーチしておくと、充実した家庭訪問になります。また、学年ごとに保護者に尋ねるテーマを決めて訪問し、その回答結果を園だよりの記事にしてもよいです。

Q22 保護者との会話のコツは？

3 家庭訪問

自分の仕事に自信がなくて、家庭訪問でうまく会話ができるか、非常に心配です。先輩からは、「自信がなくても、自信のあるふりをして対応しなくてはダメ」と言われるのですが、園でなく家庭に行くわけですから、いっそう緊張してしまう気がします。

A 子どもの園での楽しいようすを伝え、相手の話をよく聞くこと

　経験が浅い時期は、会話をスムーズにいかせようと、そのことばかり意識しないことです。どんなことから話し始めると互いに打ち解けられるかは、経験を重ねるうちにつかめるようになります。

● **保護者を安心させて**
　保護者の知りたいことは、新しい環境でどのようにわが子ががんばっているかです。子どもの長所や、楽しく過ごしているようすをまずは伝えると、その後の会話がスムーズに進みます。例えば、「○○ちゃん、お友だちのお世話をよくしてくれてやさしいお子さんですね」とか、「ブロックが大好きで、ヒーローの武器を作るのが得意ですよ。それを作り始めると、友だちが仲間に加わり、彼の周りはいつもにぎやかです」などと、子どものようすを楽しく伝えましょう。

● **保護者の話によく耳を傾けること**
　話を聞いてほしい保護者には、よく耳を傾けて聞くことに徹すること。途中であいづちを打ち、ときどき「○○なんですね」と相手の言葉を繰り返すと、聞いてくれているんだと感じられます。話が長く続くようなら、「すみません。後のお家で待っていただいていますので」と言って、「いつでも言葉をかけてください。ゆっくりお話を伺います」とていねいにお断りをしましょう。また、話が弾まない人には、「おうちで、どんなふうにあそんでいますか？」とこちらから話題を投げかけて、話を引き出すようにするとよいでしょう。

POINT
「話さなくては」と勢い込んで向かい合うと、相手は引いてしまうので、こちらの話が30％、相手の話を聞くのが70％ぐらいの気持ちで訪問しよう。

Q23 訪問時のエチケットは？

お茶をすすめられたらどうしたらよいのか迷いますし、知らないでマナー違反をやってしまって、陰で言われたりするのも嫌です。これだけは気をつけたほうがよいという、訪問のエチケットを教えてください。

3 家庭訪問

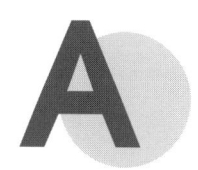

A 訪問は気を配って当たり前。保育者の人柄が現れる

　訪問は、電話や手紙とは違い、立ち居振る舞い方を見えます。気を配って当たり前だと考えましょう。

● **時間はできる限り守ろう**
　到着時間に遅れず、予定した時間内に訪問が終了するように心がける。特定な家での長居は禁物 (社宅は「〇〇家には長くいて、△△家は短い」などとうわさになることもあるので特に注意)です。当日の予定変更や訪問の予定時間を大幅に変更するときは、電話で必ず連絡をとること。途中で電話をかけて、つながらないときは園にかけておくようにしましょう。

● 到着するや否や、トイレに駆け込むようなことがないようにしたい。

● 家の中をジロジロと見回さない。

● **お茶やお菓子、手土産はていねいにお断りしよう**
　あらかじめ手紙で知らせておきますが、それでもすすめられたら失礼のないようにていねいに断りましょう。記念品や謝礼も同様です。

● **言葉遣いはていねいに**
　保護者のほうがくだけた言葉遣いでも、それに合わせず、ていねいな受け答えをしましょう。相手に不快感を与えたり、相手の感情を害さないように、にこやかに対応し、姿勢をくずさないこと。

● **ほかの子どもや保護者、保育者のことを話題にしない**
　実名を出すことはもちろん、ほかの子どもや保護者、保育者の話はしないこと。噂話には、くれぐれものらないように注意しましょう。

● **保護者の目の前でメモをとらない**
　メモをとりながら話をすると、かくことに気持ちがいき、心で聞くことができません。話は頭に入れて、家を出たら忘れないようにメモをしましょう。

● **服装や靴、靴下をチェック**
　明るくさわやかに、清潔感のある明るい装いを心がけましょう。意外と目立つのが、靴を脱いだあとの靴と靴下。よれよれだったり破けていないか、確認をしてから行きましょう。

Q24 訪問後にやることは？

去年の家庭訪問は、終わったら緊張がほどけ、だれがどんな話をしたのか思い出せなくなりました。今年はそのようなことがないよう、事後処理をきちんとしたいと思います。

3 家庭訪問

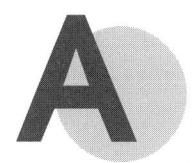

A 小さなことでも その日のうちに記録をしておこう

訪問後のメモを見て、訪問を振り返り、個人記録にかき込んでおき、保護者からの相談や疑問はできるだけ早く返答します。

- 走りがきでもよいから訪問直後にメモをする。
- 園に帰って、個人記録に転記しておく。
  - 印象がフレッシュなうちに、感じたこと、保護者や家庭のことなど、どんな小さなことでも記録しておく。
  - 保護者から聞いたり、訪問中にあったりした具体的な子どものエピソードを記録に残すと、後で役に立つことがある。
  - 保護者からの相談を記録する。
- わからないで困ったことの解決
  先輩や主任などに相談をしアドバイスをもらい、必要なら保護者に返答します。みんなの問題にしたほうがよいケースは、職員会議で話し合ってみましょう。
- 家庭訪問の報告を保護者にしよう
  クラスだよりで、家庭訪問の感想やエピソード、保護者からの質問を楽しく報告すると喜ばれます。例えば「寝る時間は？」「好きなあそびは？」「お母さんがしかるのは何が原因か？」など、保育者が一定の質問を出し、その統計をのせたりして、家庭訪問の記事を作ってもいいですね。
- 訪問期間中に行けなかった家庭は、相手の都合のよい日に合わせ、早めに訪問をしよう

PLUS ONE

雨の日には訪問先を汚さない心配りを

雨にぬれた衣服で、家の中に入ると、部屋の中までぬらしてしまいます。かさは折りたたみ式のものにし、レインコートを着用しましょう。ぬれたかさとコートは持参したポリ袋にしまって玄関の脇に置かせてもらい、室内に入ります。雨が靴の中にしみこんで、靴下がぬれてしまったりすることがあるので、全天候型のシューズが適しています。

Q25 困る質問にどう答える？

3 家庭訪問

「うちの子はこうだけど、○○ちゃんはどうですか？」とか「あのお母さんはこう言うのですが、先生、どう思いますか？」などの答えを求められたり、夫婦ゲンカや嫁姑の問題を、子どもがらみで相談されることがあります。困る質問に、どう対応したらよいですか？

A 困ったときは、直接的な返答はさける

　ほとんどの保護者は年上で、若い保育者より、人のおつきあいでも経験豊富です。なんとか答えを引き出そうと誘導尋問をしたり、うなずいただけで「先生はこう言っていた」と話を広めたりする保護者もいますので、答えを求められたときはくれぐれも慎重に。

● **よその子のことを聞きたがる**
　よその子どもや保護者の名前を出して答えを求められるようなことを聞かれたら、「何か気になることがあるんですか？」と聞いてみましょう。聞かれた子どものようすはプラス材料を伝えること。

● **保育者の個人情報を聞いてくる**
　保育者の個人的なことを聞かれたら、自分のことで話をして差し障りのないことは答えても、ほかの保育者については答えるのは控えましょう。余計なことは言わないことです。うまく言葉をはぐらかすか、「わたしからは言えません」とはっきり答えましょう。

● **保育者個人のメールアドレスを聞かれたら**
　気軽になんでもかきたくなるメールで、保護者とのやりとりをするのは文字が残り、危険です。園のアドレスを公開している場合は、そちらを教えましょう。

● **保護者自身についての相談**
　家庭内のトラブル、保護者自身の問題などを相談されたら、「おつらいですよね」「ご苦労が多く、たいへんですね」などと、保護者の気持ちに共感し、受け止めることです。保護者は聞いてもらうことで、気持ちを整理することができます。

POINT
短時間の訪問では相談の解決は難しいので、その場では聞くだけにしておき、返答は後でするようにしよう。相談の返答は、忘れずに、できるだけ早くすること。

資料 ③

☑ 家庭訪問チェックリスト

- ☐ 家庭でのあそびのようすは？
  友だち関係。あそびの傾向、あそぶ場所など。

- ☐ 健康状態は？
  腕が抜けやすい、鼻血が出やすい、アトピー、風邪をひきやすいなど。

- ☐ 近所の環境や通園方法、通園路は？

- ☐ 家族の状況。兄弟姉妹関係や家庭の雰囲気は？

- ☐ 緊急連絡先は？

- ☐ 主に子どもを育てている人は？

- ☐ 起床・就寝の時間は？

- ☐ 食事、排泄、身支度などの生活習慣は？

- ☐ 好きなこと、得意なこと、興味を持っていることは？

4章
保護者からの相談や質問

　子どものことで相談や質問を受けたとき、子育て経験のない若い保育者でも、答えなければならないことがあります。保育者に求められるのは、あくまでも保育のプロとしての回答です。相談や質問が多く寄せられる事柄や、保護者のほしい情報に常に関心を持ち、伝えられるようにしたいものです。ただし、答えられないことには、即答を避け、先輩や主任に相談をしてから答えましょう。

Q26 保護者からのこんな質問…「したくが遅くてイライラ」

毎朝、「早く！」「遅れるよ！」と怒鳴りながら、制服を着せ、カバンを持たせて、ダッシュでバスの送迎場所に駆け込みます。いくら怒鳴っても子どもは平気な顔をして、朝のしたくを私にやってもらう毎日です。自分でできる方向に持っていくにはどうしたらよいでしょうか。

A 話を整理して原因をさぐろう

保護者のかかわり方に問題があることが多いのですが、何が原因か、保護者の話を聞いて、アドバイスします。

● **目覚めが悪いときは…**
就寝時間や1日の生活リズムを見直すことです。夜寝る時間が遅く、昼間ボーッと過ごす子どもが増えています。「寝るのが遅かったから朝はできるだけ寝かしてあげよう」は悪循環で、1日の生活リズムも乱れてしまいます。「朝は一定の時間に起こし、日の光を浴びて、目覚めさせることが大切です」と伝えましょう。

● **動作が遅いときは…**
「気持ちよく起きるけれど、洗顔・着替え・食事・登園のしたくに時間がかかるのですね」と確認します。遅くても、ていねいだったり、よく考えて行動するなど、その子の長所を知らせ、保護者に子どものタイプを認識してもらいましょう。保護者がイライラしないよう、したくの時間を多目にとるなどの方法をアドバイスします。保護者が手を貸してしまうときは、全部手助けするのではなく、少しにして、「自分でやれた」実感をもたせるように伝えましょう。

4 保護者からの相談や質問

Q27 保護者からのこんな質問…
「親から離れられずに毎朝大泣き」

5月になっても、毎朝、門のところで大泣きして、私から離れません。3歳児ですが、入園の時期が早かったのではないかと悩んでいます。子どもが泣くと、私まで泣きたくなります。

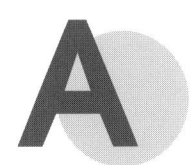

A 先が見えるような提案をして安心させる

　毎朝のことなので、まずは、不安でつらい保護者の気持ちをわかってあげます。そして「泣いて離れられないのは、今までお母さんとよい関係にあったという証拠です。たくさんのお友だちとあそんだ経験も少なくて、今は不安なのでしょう」「とても心配でしょうが、泣いてもなんでも、こちらにまかせてお帰りくださいね。園では私がお母さんの代わりになります。少しずつ園に慣れてきますよ」と明るく話します。
　「家に帰ったら、園のことを根掘り葉掘り聞かずに、『よくがんばってきたね』とたくさん抱いてあげたり、ふれあってください。そしてまた明日、どんなにお子さんが泣いても『いってらっしゃい』と明るく元気に送り出す…それをしばらく続けてみましょう」などと、具体的に提案し、だめだったらまた考える、という対応をするとよいでしょう。

Q28 保護者からのこんな質問…
「どうして、あいさつができないの？」

「おはよう」「ありがとう」とか、きちんとあいさつができないので、恥ずかしいです。「ほら、ごあいさつは？」と言うのですが、うつむくばかりです。よそのお子さんはできるのに…。

A あいさつできない子どもの気持ちを伝えよう

　保護者の、「子どもはこうあってほしい」を聞いてみると、実際の子どもの姿とズレていることがあります。「○○くんは、あいさつをしたいと思っていても、保護者からくり返し言われるので、できなくなっているのかもしれませんよ」と、うるさく言うほど、あいさつができなくなる子どもの気持ちを伝えましょう。

　「子どもは親の後姿を見ている」といわれるように、まずは保護者の明るいあいさつを見せること。口先だけでなく、心が伴っているのが、本当のあいさつであること。子どもが保護者に何かをしてくれたら、心から「ありがとう」と言うようにすることなどを伝えます。

　もし子どもが、言葉であいさつができなくても、表情であいさつをしたときは、保護者も保育者も喜んであげます。そして、「本当に心からあいさつができたときは、たくさん喜んで、ほめてあげてください」と認め方の違いを伝えましょう。

4　保護者からの相談や質問

Q29 保護者からのこんな質問…「自分の身のまわりの片づけができない」

園から帰ったら、制服やカバンを放りっぱなし、あそんだオモチャは片づけないで出しっぱなし…。とにかくだらしがないのです。朝から晩まで、「なんで片づけないの！」を言い続けていますが、ちっとも片づけができるようになりません。

A 片づけられる工夫をアドバイス

「片づけなさい」と口で言うだけでは、できないのも無理はありません。楽しいことを優先したいのは、子どもも大人も同じだからです。片づけを習慣づけるまでは保護者の根気が必要で、習慣がついてしまえば、口うるさく言わなくても片づけられるようになります。ただその習慣がつくまでどのくらいの期間がかかるかは、その子どもの性格にもよるので、一概には言えません」と伝えます。

そしてまずは1つでもきちんと片づけられるようにすることをアドバイスします。園から帰ったら、「帽子は○○くん、ここにかけて」と、保護者がついて帽子を定位置に片づけさせ、それができたらほめてあげること。2～3日同じ帽子を片づけられたら、その次には制服、カバンと増やしていき、全部片づけられたら、感激してあげることなどをアドバイスしてみましょう。何か1つでもやってみようと保護者が思ってくれればよいのです。

また片づける順序や場所を決めること、片づけの場所にマークを貼ったりして、子どもがやりたくなる工夫をすることです。そしてオモチャは毎日たくさん出さないこと。オモチャのローテーションを考え、片づけやすくすることも大切だと伝えましょう。

Q30 保護者からのこんな質問…「小食や偏食で食べない」

家では、はじめての食べ物は絶対に口にしませんし、好き嫌いがとても多くて、どうやっていろいろなものを食べさせたらよいのか悩んでいます。牛乳は好きなので、1日何回か飲ませていますが、ごはんや野菜を食べません。

4 保護者からの相談や質問

A 食生活を詳しく聞いてみよう

　幼児期に「楽しく食べる」経験があるかないかが、その子の将来の「食」を左右するといわれています。無理に嫌いなものを食べさせられたり、食べることで嫌な経験をすると、一生心に残り、その食べ物を見ただけで嫌な体験がよみがえってきたりします。幼児期は「楽しく食べる」経験がとても大切です。

　食べない原因が子どものタイプによるものなのか、食の与え方によるものなのか、保護者との関係で食べないのか、1日の子どもの食生活を聞くと、その原因が見えてきます。

● **小食タイプの子**
　体つきが小さい子に多く、少しの食べ物で効率よく動ける子です。小食でも元気なら心配はありません。「少しでも食べてもらいたい」と間食を与えるのは逆効果です。量が少しでも高カロリーのものを、3食きちんと食べることが大切です。一口で食べられるようにスナックふうにすることなどを提案します。

● **間食が多い子**
　保護者が「食べない」と嘆いていても、食べないというわりには、体格がよかったりします。よく聞いてみると、3食は食べなくてもお菓子や牛乳など、間食を多くとっていたりします。特に味が濃くて高カロリーのスナックを食べていては、食事がすすみません。間食はさつまいもや果物程度にとどめ、できれば、間食をほしがっても我慢させ、3食以外は与えないようにアドバイスします。牛乳は、ごはんと同じだと伝えましょう。

● **偏食**
　野菜をさわったりにおいをかいだり、親子でクッキングをしたり、畑で実際に野菜を収穫する経験をしたり、できるだけ食材に触れるチャンスを作ること。そうすると、少しずつ、食べ物に興味や関心を持つようになり、味わってみようかという気になったりします。幼児期の嗜好は、これから先ずっと続くことではないので、今は嫌いでも明日食べられることもあり、食べなくても、あきらめずに食卓に並べるようにすることなどを伝えましょう。

POINT
「いつか食べるようになる」と伝えよう
　「元気なら心配ない」ととらえ、いろいろ食べることに保護者があまりこだわらないことです。楽しく食べる経験を子どもに持たせることが、食べる意欲につながります。

Q31 保護者からのこんな質問…「食事に時間がかかる」

食事時間がかかりすぎて、1人でだらだらと食べています。しゃべるのも多いので、「だまって早く食べなさい」としかるのですが、食べることにはマイペースです。片づけようとすると、「まだ食べる」と言うので片づけられません。

A 食べる技術はどうか確認しよう

　食べるのが遅いのは、おしゃべりが多すぎる、あそびながら食べる、小食などが考えられますが、食べる技術が未熟なことが原因の場合もあります。1人で食べる1歳ごろから、食べるための技術が育ちますが、それが上達しないままに育ってしまい、食べるのに時間がかかるのです。保護者も原因に気づかなかったりするので、食べるときの園でのようすをよく観察しましょう。

　また、保護者の愛情や関心を得たいという心理的な問題とかかわっていることもあるので、よく話を聞きましょう。

● **おしゃべりが多い・あそび食べはどうしていけないのかを子どもに伝えよう**
- 食べ物をよくかまないで、おなかの中に入ってしまう。
- 口に入ったものが外に飛び散ってしまう。
- 何が口に入ったか、わからなくなる。
- 食べ物や、はしやスプーンなどを落としてしまう。

● **食べる技術が育っていないときは**
まず姿勢を正すことから始めます。いすに深く腰掛けて、テーブルと体の間は握りこぶし大。はしがうまく使えないのならスプーンでOK。うまく使えるもので食べるようにします。

Q32 保護者からのこんな質問…
「入園してから急に言葉遣いが悪くなった」

「ばか」「おめえ」「うるせえ」「うんこ」とか、乱暴な言葉や変な言葉を使うようになりました。注意すると、わざとおもしろがって言ったりします。園で覚えてくるのでしょうが、出かけ先で、変な言葉を使われると、私のほうが恥ずかしくなります。

A 言葉を使いこなすための通過点だと伝えよう

　子どもは、相手の反応を確かめながら、言葉の使い方を覚えていきます。悪い言葉やはやり言葉などは、仲間にうけ、大人も反応するので、使うのがおもしろくて仕方ないのです。4〜5歳になると、そのような言葉を使うことで、仲間意識も生まれ、友だちが使っているのをまねしたくなります。悪い言葉や乱暴な言葉を使うことは、これから先、言葉を使いこなすための通過点と考えてもらえるよう、保護者に話しましょう。

　対応は、使ってほしくないときと、時と場所と相手によって言葉を使い分けることを教えます。嫌なときは、「お母さんは嫌いだな」「今は、そういう言葉を使ってほしくないわ」と、保護者の気持ちをしっかりと伝えることが大事だとアドバイスしましょう。

Q33 「手先が器用ではない」

保護者からのこんな質問…

3歳ですが、ハサミがうまく使えないし、線や円もうまくかけなくて、手先がとても不器用です。わたしが子どもの手を持って、一生懸命に教えようとすると、嫌がってますますやろうとしません。

4 保護者からの相談や質問

A 家庭で手先を使う機会を持つようにアドバイス

　発達の障害がない場合として考えると、ほとんどは、経験不足のことが多いようです。生活の中で、保護者が気づかずに、なんでもさっとやってしまったり、きれい好きな保護者が散らかるのを嫌がったりして、子どもの手先を使う機会を奪っていることがあります。保護者と子どもとの生活を聞いて、家庭で手先を使う経験が積めるようにアドバイスしましょう。

- ハサミと紙で、楽しくあそぼう
  - 2cmぐらいに細く切った紙をたくさん用意し、子どもがひとたちで切れるようにする。紙皿に切ったものを入れ、「チャーハン」「お菓子」などに見立ててあそびます。
  - 新聞のチラシ広告を子どもが切り抜き、カードの台紙に貼って、カルタやお店やさんごっこであそびます。

- クレパスや鉛筆や油性ペンと紙を用意して、いつでも子どもが使えるようにしよう

- お手伝いやクッキングなど、台所で、子どもに手先をたくさん使う機会を与えよう

- 衣服の着脱、雑巾や台ふきんを洗ったり絞ったり。保護者は、子どもが自分でできるようにアドバイスをして、できるだけ手を出さずに、見守るようにしよう

POINT

親子で共感しよう
　生活の中で手先を使う経験をさせながら、ときにはクッキングや製作など「親子で何かを作る」に挑戦するように伝えましょう。作る喜びを保護者と共感できると、自信がついて作ることが大好きになります。

Q34 保護者からのこんな質問…
「落ち着きがなく、何事にも集中しない」

あそびを次々に変えて、1つのあそびに集中しません。絵本を読んであげようとするのですが、すぐに違うほうへ関心が向き、長続きがしないのです。この先、小学校へ行って、勉強に身が入らなくなるのではと心配です。

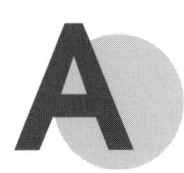

A 落ち着かない原因を知ろう

　好奇心が旺盛で、次々に興味が移って落ち着かないことがあります。「今は興味の対象が定まらなくて、いろいろと試してみる時期なのかもしれません」と伝え、どんなことでも何かに向かっているときは、声がけをしないようにします。子どもが1人で何かをする機会を作ってもらいましょう。

　また、保護者から認めてもらえずに、心が不安定で、落ち着かないという場合もあります。「だっこしたり、ふざけあったり、一緒にお風呂に入ったり、お子さんと体でふれあってください」とふれあい方を提案します。保護者が今のままの子どもの姿が認められるように、園で見られるその子のよいところをたくさん話すようにしましょう。

④ 保護者からの相談や質問

Q35 保護者からのこんな質問…
「家では活発、外では言いたいことも言えない」

うちの子は、家では女王さまのようにいばっていますが、外では言いたいことも言えない、内弁慶です。はじめての人に会うときは、私の後ろに隠れて緊張します。外でも家と同じように活発であったらいいのに、といつも思います。

A それがその子のよさだと伝えよう

　内弁慶の子は、慎重だったり、自信がなく外で自分を発揮できなかったりするタイプです。「きっと観察力のあるお子さんだと思います。友だちや先生をよーく見ていて、家で表現するのでしょう。それでバランスをとっているのだと思います」と伝えましょう。その子の性格的なもので、この先それは変わらないと話します。しかし、それが短所ではなく、長所なのだとプラスにとらえることで、子どもの力は伸びていきます。

　保護者には「人のことをよく見ていて家でまねをしたりする観察力の鋭いところは、とてもよいところです。でも少し失敗を恐れるところがあるかもしれません。何事も家でしっかり練習をしてからでないと園でできなかったりしますので、新しいことに挑戦するときは、一緒にやったりして自信をつけてあげてくださいと」話しましょう。ときには保護者が失敗をして見せることで、子どもは「失敗しても平気」などと、気が楽になったりします。

POINT
よい子タイプに注意
　集団の中ではよい子にしなくてはいけないと、外で緊張するタイプの子もいますので、気をつけて対応しましょう。

Q36 保護者からのこんな質問…
「言葉の発達が遅れているのでは?」

2歳の子ですが、言葉が出ないので心配です。親の言うことはよく理解できるのですが、しゃべってくれません。家でどのような対応をしたらよいでしょうか?

4 保護者からの相談や質問

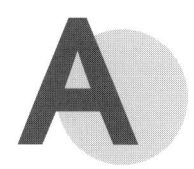

A 言葉の発達は個人差があることを伝えよう

　言葉の獲得の仕方や時期、上達の早さなど、個人差は大きいです。名前を呼んで振り返るか、保護者の言葉の意味の理解はどうか、大人や友だちのまねをするか、あそぶのが好きか、声を出すか、などをチェックして、問題がなければ、いずれ言葉は自然に出てくると伝え、安心してもらいましょう。

- 親子で一緒に歌・手あそびをたくさんしよう
- 体でふれあって、思わず楽しく声が出る機会を作ろう
- 子どもに話す言葉はゆっくりと、わかりやすく
- 心配なら、小児科に行き、耳の聞こえの相談をしてみよう

PLUS ONE

発達の相談を保護者から受けたら

　まずは、保護者が「発達が遅れているのでは…」と感じている内容をよく聞きます。そして子どもに気づかれないように保育参観をして、保護者に自分の子どもの園での様子を見てもらいましょう。そこでも何か違う、何かおかしいと思われるようなら、主任・園長と話し合い、必要に応じて、保健センターなど関連機関の紹介をし、園側で機関と連携をとり、保護者が行くようにします。

　発達に問題がなくても保護者が心配している場合は、保育者に聞いてもらえるだけで解決することもあるので、とにかく保護者の話をよく聞くことです。その子の持っている、集団保育で見せる保護者の知らないすばらしい姿を伝えて、保護者の視点を変えてあげるとよいでしょう。

Q37 「友だちが意地悪するから、あそびたくないと言う」

保護者からのこんな質問…

○○くんが、うちの子のオモチャをすぐに取ってしまい返してくれないらしいのです。○○くんがいるから、園に行きたくないというのですが、○○くんって、どんな子なのでしょうか？

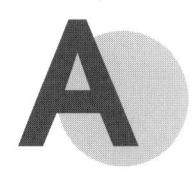

A 1人で判断せずに、トラブルの事情をよく調べよう

　まずは保護者の訴えをよく聞きましょう。その場では、「〇〇くんは元気でいい子ですよ」と言うぐらいに留めておきます。子どもは保護者に、自分にとって悪いことは話さないのが普通ですから、「わかりました。私のほうでもよく事情を調べて、またお返事します」と答えます。

　保育者はトラブルの事情を、いろいろな子どもたちに聞いたり、名前のあがった子どもにも話を聞き、何日間か観察をしてみましょう。そのうえで、保護者と話をする機会を作ります。その年齢ならではの姿、今のクラスの活動状況も合わせて話をして、「トラブルによっても子どもどうしが成長していくように、対応をしたい」と誠実に話しましょう。必要とあれば、相手の子どもの保護者とも会わなくてはいけないこともあるでしょう。大事なのは、若い保育者が1人で判断をしないこと。先輩や主任に相談をして対応を決めましょう。

PLUS ONE

友だち関係で相談が多いこと
　あらかじめ質問を想定して考えておいてもよいでしょう。

- いつもだれとあそんでいるんですか？
- 友だちができないようです。
- うちの子、友だちとあそべていますか？
- 乱暴な子がいるので園に行きたがらないのです。
- 〇〇くんは意地悪するから、あそびたくないと言います。
- 友だちどうし、家から持ってきたオモチャの貸し借りを、親に内緒でしています。

Q38 「乱暴な子に顔を傷つけられた!」

保護者からのこんな質問…

園から帰ってきたら、顔に傷があってびっくり。女の子ですから、大事な顔に傷つけられて、あとが残らないか心配です。先生から何も報告がないのですが、どうなっているのでしょうか！

4 保護者からの相談や質問

A 保護者との信頼関係を修復しよう

　ひっかいたり、たたいたり、かみついたりは、園では日常茶飯事ですが、保護者にとっては大事な子どもが被害を受けたということです。そのとらえかたは保護者によって違いますが、大事な子どもを責任持って預かっているという意識を、保育者は常に忘れないことです。事故の連絡をしないのは、管理不行き届きと責められても仕方がないでしょう。

　顔の傷は、あとに残ることもあります。園の責任として、かかりつけの医師に診断をしてもらうこと。その結果と、このようになった経緯を保護者に報告しなければいけません。たとえ小さな傷でも連絡をして、まず事故を起こしたことをていねいに謝罪し、事後報告をしておくことが、保護者との信頼関係の基本になります。

　落ち着かない子、乱暴な子から目を離さないようにし、危険な遊具や場所がないかどうか、配慮を怠らないようにしましょう。事故は未然に防ぐこと。事故になってからでは遅いのです。

POINT

子どもが怪我をしたら…

　保育者が見ていないときの怪我だったら、まず見ていた周りの子どもたちから事情を聞きます。だれも見ていなかったときの事故は、実際に現場に行き、どうして事故につながったのかよく調べ、怪我によっては、主任や園長に相談し、対処します。必要なら医師の診断を受けます。

　保護者に連絡を入れ、ていねいに謝罪をし、状況を正直に報告しましょう。誠実に対処することが非常に重要。場合によっては、菓子折を持参して家に行き、園側の不行き届きを謝罪します。

　怪我によっては、その日の夜や、後日、「どうですか？」と保護者にようすを聞く連絡を入れましょう。

Q39 保護者からのこんな質問…
「今日は、だれともあそばなかった」

子どもに園でのようすを聞くと、「つまんなかった」とか「だれともあそばなかった」という答えが返ってきて、幼稚園が楽しくないのではないか心配です。本当にだれともあそんでいないのでしょうか。

4 保護者からの相談や質問

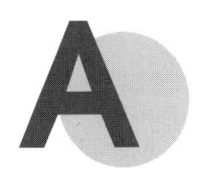

A 保護者の不安を受け入れ、少し時間をもらおう

　新学期で、クラスになじめない時期には、このような訴えがよくあります。しかしこの質問が2～3学期の訴えだとしたら、子どもが園で自己発揮をしていないということですから、保育者が子どもをしっかり見ているのかどうかが疑われるところです。いずれにしても、保護者は保育者に対して不信感を持っていることには変わりないので、「しっかり子どもを見ています」ということをアピールしなければいけません。

　心配をしている保護者の気持ちを受け取って、保育者のこれまで見てきた子どものようすを話します。何かきっかけがあって楽しくないのか、ずっと保育者からも認めてもらえずに楽しくないのか、本当に友だちとあそべていないのか。そのあたりを、「わたしのほうでも気をつけて見てみますので、少し時間をください」と言って、しばらくようすを見てから保護者に報告するようにします。

　保育者はその子どもと向かい合って、どう自己発揮できないのか、子どもの園での姿を把握しましょう。1対1でおしゃべりをしたり、一緒にあそんだり、子どもと十分にふれあいます。その中で、友だち関係や好きなあそびなど、その子どもが自己発揮できるものを見つけましょう。

POINT
友だちとあそべない子の好きなあそびを見つけよう
　好きなあそびを見つけ、それを一緒にやりながら、ほかの子どもたちをまきこんでいきます。子どもの目が生き生きと輝き、園生活を楽しく送れるようになったら、その過程で、「○○ちゃん、今、こんなあそびに夢中なんです」「だれとだれとで、こんなあそびをしています」と保護者に報告するとよいでしょう。

Q40 保護者からのこんな質問…
「小学校で勉強についていけるか心配」

年長で小学校入学が目前です。うちの子は、もじがかけない、計算ができないなど、入学に際しての心配が尽きません。

4 保護者からの相談や質問

A もじやかずより、家庭生活のチェックを

「園で好きなあそびに集中できることが、勉強への集中力につながっていきます。入学間近だからといって、急にもじや計算の練習をするのは、子どもに不安を与えるようなもの。『なんだろう』という好奇心、『やってみよう』という意欲が何より大事なことです。その点ではお子さんは十分に好奇心旺盛ですよ」と話しましょう。保護者の不安は子どもに伝わるので、保護者には安心材料を与えるようにします。

もじやかずを園で教えてほしいというニーズが保護者にあることを受けとめて、保育の中であそびながら刺激をしていくとよいでしょう。ただし園の方針もあるので、それを理解してもらう必要があります。小学校の算数のようなことはしない園が多いでしょう。あそびながら、かずを数えたり簡単な合成分解をしたり、簡単な言葉や名前のもじを読んだりするぐらいです。

保護者には、「幼児期から熱心に勉強をさせるのは、かえって小学校で興味を失わせることになるので、気をつけたいです」と話しましょう。入学前に、基本的な生活態度が身についているか、家庭生活を見直してもらいましょう。

● 身のまわりのことは自分でできるか？
● 早寝・早起きができて、一定の時間に食事をしたりといった、生活リズムが整っているか？
● 人の話をしっかり聞けるか？
  保護者も子どもの話に最後まで耳を傾け、子どもも保護者の話をちゃんと聞く習慣をつけましょう。
● あいさつができるか？　家庭でも、あいさつする習慣があるか？
● 我慢する力があるか？
  嫌いなことも励ましながら、うまくいかないときは手助けをし、何度もトライさせましょう。自分でできた、という達成感を経験させることが大事。

PLUS ONE

お手伝いからたくさんの力が育つ

「リンゴを3個、持ってきて」「新聞を取ってきたらリビングのテーブルの上に置いてね」など、お手伝いから、聞き取る力、言葉の使い方を学びます。持ってきてもらったものを一緒に数えるのは、かずの学習になります。お母さんに役立っているという自信も育ち、お手伝いは子どものさまざまな能力を育てるので、子どものできるお手伝いを、積極的にやってもらうようにすすめましょう。

資料 ④

個人面談成功のポイント

個人面談では、単に保護者の話を聞くだけでなく、保護者と保育者が子どもに対して共通理解をするということと、子どもの園での生活を具体的に伝え、心配事の相談などにあたたかく答えることが必要です。

● **保護者と信頼関係を築いておこう**
　日ごろからあまりふれあっていない保護者とは、連絡帳を通して、または送迎のときなどに子どものようすをできるだけ話したりして、信頼関係を築いておきましょう。

● **伝えたいことをまとめてかいておく**
　● 子どもの成長の姿を具体的にかき出しておく。
　● 日々の子どもの記録から、個々の成長を確認しておき、子どもの何が育ったのかを具体的に知らせる。
　● 子どもの長所を、エピソードを交えて伝える。

● **家庭への要望など、問題点を伝えるときは長所を先に話そう**
　いきなり問題点を切り出すのではなく、まずは子どもの長所を話して、「もう少し○○が、○○になると、さらに成長します」というように、子どもの成長を願う気持ちをこめて、要望を伝えるようにしましょう。

● **子どもの作品を保護者が見やすいように出しておく**

● **気持ちがなごむように、机に花を飾ろう**

5章
保護者とのコミュニケーション

　保育は、保育者と子どもとのよい関係作りが大切ですが、そのベースには保育者と保護者とのスムーズなコミュニケーションが欠かせません。何かアクシデントが起こったときや、保護者の協力をあおぎたいときには、日ごろからのつきあいがポイントになります。人間として気持ちよくつきあって、信頼し合えるような関係にしたいものです。

Q41 連絡帳での コミュニケーションで、 気をつけることは？

毎日の連絡帳の記入を、保護者がどのように受け取っているのか不安です。どんなことに気をつけて、連絡帳に記入したらよいでしょうか。

5 保護者とのコミュニケーション

A 保護者が不安になることは連絡帳に残さないこと

　子どもを育てるプロとして、平等な視点で、子どもについて気づいたことや注意したいこと、要望や感想などを伝えるのが、連絡帳の役割です。

- マイナスのことを伝えたいときは、連絡帳ではなくて口頭で伝える。保護者が読んで不安になる事柄はかかないこと。
- 文章は簡潔にかき、かいたあと見直して誤字脱字をチェック。
- 「〜してください」→「お手数ですが〜してください」または「〜してくださるようお願い致します」と敬語を使う。
- 子どものようすを伝えるときに、「〜しません」→「〜するより、〜するほうが好きみたいです」などとやわらかく表現しよう。
- 子どものつぶやきや会話、子どものがんばっている姿や成長した姿などをかき、その子らしさを伝えよう。
- 連絡帳に必要事項しかかかない保護者には、「家ではどんなオモチャであそびましたか？」などと具体的に問いかけてみよう。
- 「発達領域」、「発達段階」など、教育用語の使用は避ける。
- 返事を求められたときは、なるべく早くかくこと。かけないときは、その旨を伝え、保護者と行き違いがないように配慮。相談や悩みは、直接口答で、または電話で応答したほうがよい場合もある。
- 保護者が読み忘れをしないために、記入したページを開いて、輪ゴムやクリップで止めておこう。

輪ゴム　クリップ

POINT

かくことは、もじになり、ずっと残ることを忘れずに

　毎日のことですが、ていねいに慎重にかきましょう。連絡帳に、あそびのようすや心の動きを具体的にかいておくと、あとで保育記録としても活用できます。

Q42 夫婦不和の話を聞いたときの対応は?

「保護者の前ではよい子で、園ではひどく乱暴」という子どもの保護者から、涙ながらの夫婦不和の話を聞きました。今後、その保護者にはどのような対応をしたらよいですか?

A 聞くことに徹し、明るく対応しよう

　家庭のたいへんな話を聞かされると、つい感情移入して、「ご主人ひどいですね」「別れたほうがいいのでは」などと感想や意見を言いたくなります。しかし、家庭の事情は当事者にしかわからない複雑な問題をはらんでいますので、個人的な見解を述べるのはやめましょう。保育者として、保護者の気持ちが楽になるように、話にうなずき、共感することでよいのではないでしょうか。聞いてもらっているうちに、自分で答えを見つけられることもあります。

　聞いたことは、ほかの保護者に他言しないことがルールです。次に保護者に会ったときは明るく言葉をかけ、こちらからはその話題にふれないようにします。

　また、子どもの不安定なようすを伝えるのは、保護者のようすを見ながらにしましょう。たいへんなときには「○○ちゃんのことは、心配なく」と保護者に話し、子どもを十分に受け入れて、園で楽しく過ごせるように心配りをしましょう。保護者が少し落ち着いた時点で、保護者のできるようなことをともに考え、協力をあおぎます。

5 保護者とのコミュニケーション

Q43 要求が多い保護者への対応は？

「園に行きたくないというので、喜んで行きたくなるようにしてほしい」とか、「○○くんの近くの席はいやだっていうので、席替えしてください」とか、次々と要求をしてくる保護者に困っています。

A 嫌な顔をせずに耳を傾けよう

　保育者側には小さなことだと感じることも、保護者にとっては重要な悩みだったりします。保護者の話にはよく耳を傾け、「そうですか、ご心配ですね」と受け入れて共感し、決して嫌な顔やめんどうな態度は見せません。教育に熱心だと思える保護者の要求の底には、家庭の事情とか、違う悩みをかかえていることがあります。

- 保護者の意向に添えるようなら「やってみましょう」と答え、その後、連絡をとりあって、ようすを見ます。すぐに答えられないことは、方法を考え、あらためて答えるようにします。ほかの保育者に相談してみてもいいでしょう。
- 園全体のことについては職員会議で話し合い、職員全体で同じ対応ができるようにしておきます。対応に難しい保護者には、園長や主任に自分の思いを素直に伝え、同席してもらったり、直接答えてもらったりしましょう。

Q44 新しく担任に なったときは?

まだ2年目です。新入園児の担任になり、顔見知りの保護者があまりいません。、うまくコミュニケーションができるか不安です。

5 保護者とのコミュニケーション

A 自分のよいところに自信を持って

　若い保育者のはつらつさと一生懸命さは、ベテラン保育者にはないすばらしいところです。子どもと一緒に元気に体を動かし、お姉さん（お兄さん）のようにふれあう姿は、保護者や子どもにも新鮮です。

● 話す内容は具体的にしよう
　例えば、「だいじょうぶです」「元気です」と言われても、何がだいじょうぶで、どう元気なのかが伝わりません。保護者への話は具体的であることが大切です。

● マメに連絡をとろう
　気持ちだけは一生懸命でも、保護者に伝わらないことがあります。保護者へは、電話や連絡帳、ときには直接会うなどして、こまめに連絡をするようにしましょう。

● わかったような振りはしない
　保護者に聞かれてわからないことは、正直にわからないと答え、後で調べて連絡します。

● 気分で態度を変えないこと
　個人的な悩みがあっても、子どもたちの前ではもちろん、保護者との対応を変えることがないように気をつけましょう。

● 保護者が応えなくても、こちらから明るく元気にあいさつをしよう

● 保育経験者の保護者は大先輩
　保育経験のある保護者から教えてもらうことは謙虚に聞きましょう。しかし、未熟でも今の保育現場をよく知っているのは保育者自身です。遠慮せず、保護者に伝えるべきことはきちんと伝えること。

POINT
明るく誠実に、一生懸命に対応しよう
　保護者にとって、「自信がない」「おどおどしている」態度は受け入れられません。ベテランにないよさ、またほかの保育者と違う自分なりのよさを把握して、明るく誠実に保護者に対応しましょう。子ども一人ひとりとていねいにかかわり、そのかかわり方と子どものようすを保護者に伝えていくと一生懸命さが伝わります。

Q45 「手紙をもらってこない」という保護者からのクレームには？

確かに子どもに配ったのに、「お手紙を持ってこないときが2度もありました」と、保護者からおしかりの電話がありました。対応と対策を教えてください。

A 「渡したはずです」という会話はしない

　保護者から「うちの子、もらってこないのです」と訴えがあったとき、どんなに確実に配ったとしても、「渡したはずです」と答えるのはやめましょう。①何がないのか聞く。②いつ配布したか知らせる。③部屋、ロッカー、通園バスの中をさがし、家庭でもカバンの中をもう一度見てほしいとお願いをする。④それでもないときは、紛失も考えられるので、お詫びして早急に予備を渡す。

配布もれや紛失を防ぐには
- 前日に配布する種類と数をチェック。
- 配布物にあらかじめ名前をかいておき、だれに渡っていないかすぐにわかるようにする。お休みの子を確認し、急ぎのお知らせがあれば電話連絡をしよう。
- 「みんなが郵便やさんになって、お手紙をお家にちゃんと届けてね」と子どもたちにも話そう。
- カバンのポケットや連絡帳にはさむなどして、配布物を入れる場所を決め、保護者にも伝えておく。大事なものは、子どもの前で、保育者が直接、通園カバンに入れよう。
- 配布物が何枚かあるときは、ホッチキスで止めたり、ポリ袋に入れたり、輪ゴムでまとめたりしよう。

Q46 子どもが長期欠席の場合の対応は？

子どもが2日続けてお休みをしたので連絡をしたところ、病気でしばらくお休みとのこと。あまり多くを語っていただけませんでした。近所のほかの保護者に聞いたら、欠席が長くなるようだということです。

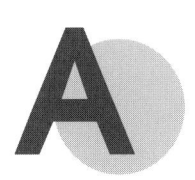

A 不安な保護者を気遣おう

「病気や怪我」と聞いただけで心配で、保護者に思わずいろいろと質問したくなりますが、保護者も子どもも不安な状況なので、やさしく気遣う気持ちで、基本的なことを聞いて、お見舞いの気持ちを伝えます。

- 自宅で安静なのか入院なのか。
- 回復までの期間にどのくらいかかるのか。
- 見舞ってもよいかを尋ね、見舞ってもよい状態なら、早い時期に見舞い、子どもを元気づけ、心配な保護者の気持ちを受け入れて話を聞こう。

相手がしゃべりたがらないことには、しつこく質問しないこと。電話で症状を聞いて、「どうぞお大事にしてください。1日も早く回復するのを、クラスみんなで待っていますね」と言葉で見舞います。

長期欠席の場合は、保護者は園のようすが気になるので、不安やあせりを感じないように、まめに連絡をとる配慮が大切。保護者への配布物とともに、クラスの子どものメッセージや絵などを送ったり持っていったりして、あたたかく励ます心配りを忘れないようにしましょう。

Q47 保護者以外の方のお迎えには？

保護者の職場から、「身内に不幸があって、子どもを早退させてほしい」と連絡があり、近所の方がお迎えにきました。あわてて早退させたのですが後になって、本当に近所の方だったのかと不安になりました。

A 落ち着いて対応することが重要

　子どもの誘拐事件が多発する時代です。保護者以外の方のお迎えについては、とくに慎重さを忘れず冷静に判断し対応できるよう、日ごろからシミュレーションし、自己訓練が必要です。特に、緊急を要するときは一層、落ち着いた慎重さが大事です。

　「ホウレンソウ」(ホウ→報告　レン→連絡　ソウ→相談)を忘れずに!

- 思い込みで対応しないこと。
  まずは、保護者からの直接の電話か代理人の電話かを確認しましょう。別れた保護者が会いにくる場合もあり、今育てている保護者との連絡をしっかりとることが大事です。
- 代理人からの電話連絡や、代理人が迎えにきたとき、その時点で保護者と連絡をとること。
  「失礼かと思いましたが、事故を防ぐためにお電話で確認させていただきました」とあいさつし、理解してもらいましょう。
- 保護者に確認して、電話が偽者だったときは、即刻、園長や主任に連絡し、対応を相談しよう。

（確認でお電話をしました…）

5 保護者とのコミュニケーション

Q48 保護者からの贈り物が届いたら？

自宅に保護者からお歳暮が届きました。お礼の電話を入れましたが、いただいてよいのだろうか、と考え込んでしまいました。今後、保護者からの贈り物に、どのような態度をとったらよいでしょうか。

A ほかの保護者の前でお礼を言わない

受けとったら、まずは電話やハガキなどで「お心遣い、ありがとうございます」と送り主へ感謝の気持ちを伝えますが、個人宅に届いたとしても「園の先生」としていただいたわけなので、園長に報告をしましょう。贈り物に対しての、園の対応の仕方を聞いておくとよいでしょう。ほかの保護者の前でお礼を言わない配慮は必要です。

また、贈り物で、保護者や子どもへの対応を変えることのないように気をつけましょう。

● **贈り物を断るとき**
法外に高価な贈り物や、園の方針で受け取らないと決めている場合など。感謝の気持ちを伝えながら、「園でのきまりで、いただくことができません。お気持ちだけをありがたくいただきます」と、ていねいにお断りしましょう。

● **園全体でいただくとき**
旅行のおみやげやおやつなど「みなさんで」といただいたときは、「お預かりします」と保護者に伝え、「○○組の○○さんより、旅行のおみやげをいただきました」とメモをはりつけておくと、ほかの職員もお礼を述べることができます。

Q49 プライベートなことを聞かれたら？

うわさ好きな保護者が、私にしつこくほかの保育者の年齢や結婚の有無などを聞いてきます。先輩はうまくはぐらかしているようですが、先輩に答えてもらえないと、わたしのところに来るので、困っています。

> ××先生っておいくつかしら？
> △△先生の…？
> ○○先生は、ご結婚してるんですか？

はぁ……

5 保護者とのコミュニケーション

A 保護者の話にのらないこと

　人生経験が豊富な保護者に、何か聞きだそうと迫られたら、若い保育者は負けてしまいますね。冷たく対応もできないし、難しいところです。しかし、ほかの保育者や保護者のことを聞かれて勝手に答えると、プライバシーの侵害だけでなく、「口が軽い先生」のレッテルを貼られ、信用を失います。何を聞かれても、あくまでも保育者と保護者の関係を崩さず、公的な立場をわきまえるようにしましょう。保護者の年齢にかかわらず、一貫してていねいな言葉遣いで対応すると、公的な関係が保たれます。

- 保育者自身の年齢、出身校、結婚の有無は答えない。笑ってはぐらかすのが一番。
- 園児についての保護者の職業、宗教、出身地など、プライベートなことを口外しない。
- 相手によって親しげな言葉遣いになったり、身の上話をしたりすることがないようにしよう。

PLUS ONE

保育者のプライベートな情報はクラス便りで紹介しよう

　なんでも秘密主義というのも、保護者にとっては寂しいものです。たとえば、趣味や自分が体験して感動したことなど、保育者の人間性が感じられるような個人の素顔は、クラスだよりで楽しく紹介しましょう。特に、「○○という絵本を読んだら～」「ミュージカルを観て～」など、保護者が子どもとの関係で役立つ情報は、保育者の気持ちをからめながらかくようにすると、「より親しみやすい先生」になります。

Q50 子どもが原因の保護者どうしのトラブルには？

Aくんの保護者から、Bくんが来ると家の冷蔵庫を勝手に開け、すごい散らかし放題になり、もうBくんとはあそばせたくないという訴えがありました。私としてはどう対応したらよいのか、困っています。

5 保護者とのコミュニケーション

A 保護者どうしのトラブルには介入しない

　基本的には介入しない姿勢を崩しませんが、話を聞かないわけにはいきません。1人、もしくは両方の保護者の訴えは、子どもたちの担任という立場で、公平に中立に真剣に聞きましょう。しかし、話を仲介する、2人を話し合わせる、というようなことはしません。一度そのようなことをしてしまうと、「相談すれば対応してもらえる」という気持ちを持たれて、保育者もトラブルに巻き込まれてしまいます。

　話を聞いたら、「申し訳ないのですが、このことについては園や担任が話をすることではないので、お子さんたちのためにも、お母さまどうしで話し合ってくださるのが一番よいと思います。お子さんたちは、仲よく園生活を過ごしていますよ」と毅然と話を終わりにしたほうがよいでしょう。園で楽しくあそんでいる子どもたちのようすを話して、「こんなに仲よしな子どもたちのために、解決してほしい」という姿勢を伝えます。

　トラブルがこじれ、保護者どうしがかなり険悪な状態になっているような場合は、園長や主任に相談をし、直接対応してもらったりしましょう。

PLUS ONE

保護者どうしのうわさ話には?

　「○○先生は園長と合わなくて、園を辞めるって、本当ですか?」「○○くん、いじめられて転園するんですって!?」などと、保護者からうわさ話を持ち込まれたら、そのことに反応しないことです。「だれから聞いたのか」「だれが言ったのか」など、うわさの出所も聞かないこと。「お話を聞かせてくださって、ありがとうございました」と言って、「先生」という公的な立場にあるのを忘れないようにしたいものです。

資料 ⑤

いろんなタイプの保護者の思いと傾向は？

ものごとの感じ方や反応の仕方は人さまざまです。保護者のタイプ別に、ものごとの受け取り方や行動や反応の傾向を知っていると、誤解のない言い方や感情的にならない表現を考えることができ、コミュニケーションがスムーズになります。一人ひとりの保護者のタイプをよく見て、対応しましょう。

- ● **園依存型**
  「しつけは園がしてくれる」と園におまかせで、親の役割を放棄。マイナス要素が生じてくると、「園が悪い！ なんとかしてください」と怒鳴りこんでくる傾向。

- ● **自己決定型**
  人の意見を認めず、自分の考えや方法が正しいとし、それ以外は認めない。園の方針でなく、自分に合わせてほしいと言い張り、要望が多く、人の話を聞かない傾向。

- ● **わが子一途型**
  子どもが望むことは、なんでもかなえてあげたい。「うちの子が、こう言うので」と、自分の考えや方針はなく、子どもの意思で決定する。子どものささいな言葉で右往左往する傾向にある。

- ● **比較型**
  自分でなく、人がどうなのかが大事な判断基準。周囲のことばかりに気を配り、落ち着かないし、行動に一貫性がない。

- ● **知的型**
  理路整然と説明しないと納得しない。若い保育者より、自分のほうが知的レベルは上だと思っていて、自分で解釈し判断する傾向にある。

- ● **感情型**
  喜怒哀楽の感情が豊か。激昂しやすかったり涙もろかったり、そのときの気分に左右されやすく、何かアクシデントがあると冷静に判断できない傾向にある。

編著者紹介
● グループこんぺいと
　1987年、幼・保・小の教師9人が集まって、保育現場を持ちながら企画編集する会社を設立。現在、神奈川県相模原市相模大野と東京都世田谷区に子どものスペースを待つ。
〒158-0082　東京都世田谷区等々力3-6-3　梓ビル101
http://www.compeito.jp

代表・菅野満喜子

　主な編・著に『育児日記0〜1歳』『育児日記1〜2歳』(平凡社)、ビデオ「ワクワク親子クッキング」(ポニーキャニオン)、『0・1・2歳児の親子ふれあいあそび41』『集会やお楽しみ会のレクリエーションゲーム BEST47』『座ったままで楽しめるあそび BEST41』『簡単レク BEST 58 & 介護ダイアリー』(以上、黎明書房) など。

イラスト：岡田文子
協力：北村治子 (深沢幼稚園・神奈川県)
　　　日高幸子 (元公立保育園園長)

シチュエーション別 保護者対応Q&A 50

2004年2月20日　初版発行
2007年3月1日　6刷発行

編 著 者	グループこんぺいと
発 行 者	武馬久仁裕
デザイン	長谷川あさ
印　　刷	株式会社　太洋社
製　　本	株式会社　太洋社

発 行 所　株式会社 黎明書房

〒460-0002　名古屋市中区丸の内3-6-27 EBSビル
☎052-962-3045　FAX052-951-9065　振替・00880-1-59001
〒101-0051　東京連絡所・千代田区神田神保町1-32-2
　　　　　　南部ビル302号　☎03-3268-3470

落丁本・乱丁本はお取替いたします。　　ISBN978-4-654-00192-7

ⓒ Group Compeito 2004, Printed in Japan

クラス担任のアイディア BEST65 & 基礎知識
グループこんぺいと編著　Ａ５・93頁　1600円

幼稚園・保育園のクラス担任シリーズ①　子ども達の登園前から降園後までの毎日の活動や、入園式から卒園式までの恒例の行事に使えるアイディアなどをかわいいイラストとともに紹介。

子育て支援のための 手遊び・指遊び 42
今井弘雄著　Ａ５・85頁　1600円

子育て支援シリーズ①　いつでもどこでも、リズムにあわせ、歌にあわせて、準備もなしにすぐに遊べる楽しい手遊び、指遊びをイラストで紹介。『指あそびタン・手あそびポン』改訂・改題。

親と子のふれあい体操 BEST47
三宅邦夫著　Ａ５・92頁　1600円

子育て支援シリーズ②　親と子が心をかよわせながら、ゲーム感覚で楽しめる体操遊びを47種紹介。タオル・新聞紙・ダンボール箱・ペットボトルなど、身近にあるものを使った簡単な手づくりの遊び具が大活躍。

0・1・2歳児の 親子ふれあいあそび 41
グループこんぺいと編著　Ａ５・93頁　1600円

子育て支援シリーズ③　お母さんと子どもがいっぱいふれあえる楽しい「からだあそび」12種、「リズムあそび」16種、「製作あそび」13種を、かわいいイラストで紹介。大きく小さくなろう／ポキポキダンス／他。

幼稚園・保育園の 楽しい食育あそび 42
石川町子著　Ｂ５・93頁　2000円

CD付き「食育のうた・おなかがグー」　子どもたちが楽しく遊びながら食べ物に親しめる42の食育あそびを紹介。「食育のうた・おなかがグー」のCD、楽譜付き。食育Q＆A、かんたんおやつレシピなども収録。

園だより・クラスだよりが楽しくなる イラストコレクション BEST 1198
グループこんぺいと編著　Ｂ５・96頁　1700円

すぐに役立つ目的別INDEXつき　子どもの好きな動物や乗り物のイラストや季節感あふれる月別イラスト、メッセージカードづくりに便利な素材など、探しているイラストがきっと見つかるINDEXつき。

これだけは知っておきたい 保育の禁句・保育の名句
豊田君夫著　四六・205頁　1600円

「いい子になってね」「うそでしょう」「よけいなことしないでいいのよ」など、子どもを傷つけ、成長を阻害する、保育実践で使われがちな禁句を事例を交え詳述する。適切な言葉かけ（名句）も併録。

表示価格は本体価格です。別途消費税がかかります。